바람이 그린 벽화

바람이 그린 벽화

송태웅 시집

삶이 보이는 창

차례

1부 길 떠나는 꽃

2부 어떤 나무들은

3부 황룡강

1부 길 떠나는 꽃

터널을 지나며

언젠가는 이 터널에
홀로 걸어 들어올 날 있으리
아우성 같은 굉음만을 울리며
쏜살처럼 지나가야 할 줄만 알았는데
등뒤에 도사린 어둠이 너무 두려워
저 훤한 출구조차 믿기 어려웠는데
언젠가는 이 터널에 내 발로 들어와
저 주름진 동굴벽에 떨어지는 물방울들
혹시 앞서간 사람들의 눈물이나 아닌지
손바닥으로 쓸어보리
하지만 다시는 이마를 대고
흘러가 버린 시절을 추억하지는 않으리
앞서간이라고 말하는 것은
얼마나 정직하지 못한 일인가
어누움 속에서도
저 바깥 세상, 햇빛에 진하게 익어가는
나도밤나무숲을 노래하지 않던 사람
내 손에 쥐어주던 지폐 몇 장과
그의 헐벗음을 기억해야겠기에
돌아서던 내 모습도 정확히 떠올려야겠기에
언젠가는 이 터널에

그때처럼 걸어 들어와
내 벗은 웃옷 걸어두어야 하리

아침 뉴스

금맥을 찾겠다고 집을 나섰다
행방불명된 사람의 행적이
아직 발견되지 않았다고 한다
중생대 백악기 공룡의 화석이
무더기로 발견되었다고 한다

그는 새벽 첫차를 타기 위해
긴 줄의 맨 끝에 서 있었다
어두운 창변을 넘어
큰곰자리의 별들이
마른 빵조각처럼 부서져 들어왔다

마흔이 넘으면서 그는
스스로 시대의 화석이 되고 있다고 생각했다
그가 내뿜 숨결에 남은
지독한 악취,
허언(虛言)을 일삼는 자들에게 내뱉었던
지독한 모멸의 말들조차
그대로 굳어지리라

국립과학수사연구소는 개구리소년들의

유골에 낀 이끼를 조사해서
그들이 자연사했는지 타살 후
암매장됐는지를 가려내기로 했다고 한다
그는 자신의 생각에 묻은 이끼들을
털어내려고 애썼다
금맥을 좇아서 그도 실종되고 있으리라
생각하면서, 그렇게 믿으면서

벽화

지난 18일 20t짜리 어선 한 척에 일가족을 싣고 탈
북한 순종식(69)씨의 막내동생 대식(50·인천시)씨는
큰형님의 탈북소식에 말끝을 잇지 못했다. 충남 논산
군 부적면 신교리에 살았던 순완영(1983년 사망·당
시 76살)씨의 6남 2녀(2명 사망)중 큰아들인 종식씨
는 1950년 7월 중풍으로 자리에 누운 아버지를 대신
해 농사일을 하다 6·25 와중에 북한 의용군으로 징
용당했다. 당시 18살이었다. 이후 이산가족으로 살던
남쪽의 순씨 가족이 종식씨와 다시 연락이 닿은 것은
지난 95년 종식씨가 중국 단둥에 살던 동포를 통해
논산경찰서에 편지를 보내면서부터다. 편지에는 안부
인사와 함께 젊은 시절 종식씨의 사진이 들어 있었다.
대식씨는 "어머니께서 '눈매를 보니 우리 아들이 맞
다'며 며칠동안 형님 사진을 품에 안고 주무시던 모습
이 선하다"며 눈물을 글썽였다. 평생 맏아들을 그리워
하던 노모 이영순씨는 편지를 받은 지 두 해만인 97
년, 꿈에도 그리던 맏아들을 만나지 못한 채 84살로
눈을 감아야 했다.

동행

열병으로 한 달간을 시달리고 나니
지독한 두통과 어깨결림과 함께
이번엔 목 디스크가 왔다
하루 서른 개 정도의 침을 맞는데
이게 따끔하게 어깻죽지를 찌를 때마다
하나, 둘 세면서 생각한다
적어도 일만 개의 침이
내 몸의 경혈을 찌르면 병이 나으리라
아마도 일만 개 정도의 통점으로 이루어졌을
나의 생이
일만 개의 침으로
다시 일어나리니
당분간 이 죽비 같은 병은
나의 불편한 생을 어루만지며
나와 함께 가게 되리라

불귀(不歸)

터미널 대합실 벤치에 앉아 있는 나를 두고
금호고속 버스는 몇 대나 그냥 지나가버렸을까
서툴렀던 모든 과거가 정당화되던 통음의 밤에
벗들은 엄중한 표정이 되어 하나둘 사라지고
시대마저 등뒤를 보여주면서 하나씩
술집의 셔터를 붙들고 사라졌었지

가로수를 통과하는 바람에도 나는 옷 벗고
분해되고 싶었는데 세상은
너무도 낯익어
아슬한 벼랑마저 제 집처럼 낯익어서
아파하는 것마저
흰 강아지 끌어안은 계집처럼이나
사치스럽게 되고 말지

버스는 몇 대나 내 울렁임을 두고
그냥 가 버렸나
여기 오기 전의 세상에서도
갈 곳 잃은 짐승처럼 서성이는
나를 본 것도 같은데

돌아갈 곳이 너무 가까워
무릎 사이에 고개 처박고 있나
자정의 금호고속버스는
오도가도 못한 채

길 떠나는 꽃

하루가 저뭅니다. 나는 그대의 주위를 또 한 바퀴 돌
았습니다. 나로부터 몇 억 광년 밖에 머물고 있는 그
대여. 그대를 향한 내 절망의 질량들은 매 순간 폭발
하여 그 거리는 항상 소학교의 운동장처럼 가깝습니
다. 좋았던 기억들이 모래알들처럼 반짝이며 저무는
황혼에 그 빛나는 사랑의 폭우(暴雨)에 몸을 씻고 집
을 나서던 내가 서 있습니다. 나로부터 멀리 있었으므
로 그대는 더 빛나는 별 하나가 될 수 있었는지요. 그
곳으로 길 떠나고 싶습니다. 이토록 아팠던 기억의 낭
하(廊下)를 벗어난 그 먼 길의 들머리. 돌탑에 돌 하나
얹고 나니 그리움에 상기된 분홍찔레꽃들이 함께 길
떠나고 있었습니다.

별

마른 수풀 새를 헤집으며 별 하나 뜨네

초저녁에 곯아떨어진 동네꼬마들

꿈결에 산등성이 기어올라 횃불 밝혔나

징검다리 건너뛰듯 포로롱 별 하나 뜨네

새벽녘 집 나온 사람의 굽은 등 위에

약대추처럼 쪼그라진 에미의 이마 위에

오늘은 넝마 같은 이름들 아로새기며

골목 빠져나온 별자리들 움집을 짓고 있네

오동꽃

내 오래된 슬픔은 채 발효되지 못하고
쇼핑백에 포장되어 처박혀 있었지
내 지상의 산악이 되려다 말고
판잣집 한 채가 되어 나즈막히 엎드려 있을 때
내 전생(前生)은 그대의 비 새는 지붕이었으리
젊음의 짧은 한때마저 염소들에게 주어버리고
왼쪽 어깨를 드러낸 라마승이었으리
하여 나 그대에게 가는 돌길을
삼보일배(三步一拜)하며 나아가더라도
내 정처없는 길의 한없는 끝은
그대가 내민 넓은 손에 붙들려
잠시 쉴 수 있으리
영금없이 길가에 나선 족제비 한 마리가 되어
그대의 등걸에 기대어 서면
고물라디오에서 누군가 응얼거리는
경 읽는 소리 사리처럼 후드득 떨어지리

섬진강에서

죽어있는 게들 옆으로 산 게들이 지난다
멀리 참깨 터는 소리가 타닥탁 지난다
하늘로 오르기 전의 개망초꽃들
무더기로 서서 아주 깊게 웃고 있다

죽은 게 한 마리 먼지처럼 바스라지고
그 옆을 산게들 일제히 행군하고
임종을 앞둔 꽃들 한없이 웃고 있고
밭콩을 묶고 있는 농부 어디론가 사라지고

아주 오래된 기억의 물살이 휩쓸려 온다
헐벗은 것들이 다시 움막을 짓는다

강물이 흰뼈를 빛내면서 흐른다
어두워진 유역에 수많은 눈동자들이 쌓인다

동대구역

무엇이 나를 피해가도록 했는지
지난 밤의 기억을 선로 밖에 버리기도 전에
다 알지만 끝내 다는 알 수 없는
사람들의 웅성거림이 먼저 도착해 있다
그럴 리는 없겠지, 세상이 왜
나를 피한단 말인가
먼 도시가 낯설어서가 아니라
나로부터 더욱 낯설어진 내가
뼈만 남은 외로움을 파먹고 있는 게지
저기 유난히 짙푸른 2열 종대의 가로수들이
나를 에워싸고
내가 먼저 피했던 세상을
손바닥에 올려 보이며
가방을 펼쳐 보이라 한다
이주 오랜 시간이 흐른 뒤에도
나는 낯선 도시의 역사에서
어린 유성 하나를 보고 있을텐데
그리고 많은 창들 중 하나쯤
불 들어오지 않는 여관으로 가
아무렇지도 않게 임종하는 부나방들과 더불어
이승의 하루를 쉬어야 할텐데

동대구역 대합실 벤치에서
내 무거운 가방은 붙들려
발길을 떼지 못했다

낡은 자전거

적멸(寂滅)의 시간 벌써 8년이 된 아버지 생각은
아무도 들어주지 않는 노래 부르며
드문드문 뜬 별자리 사이 그 텅 빈 어둠
오래 들여다보는 것만 같아서
선인장처럼 아주 더디게 자라왔던
삶의 나무도 스스로 영원의 시간 안쪽에서
다만 철썩이는 파도처럼 흔들리는 것이다
아버지 없는 세상에서는
얼마나 불안이 빨리 오는지
여기저기서 덧난 상처들은
어김없이 근원으로 되돌아와
바위 위에 통째로 떨어지는 함박꽃이 되어
제가 빠져나온 나무의 품을 보게 한다
하여 바위벽에 붙은 나의 반신불수,
혹은 덜미 놓친 꼭두가시처럼
주저앉은 나의 반생이
붉은 등불을 촘촘히 매달고 있는
저 하늘 어귀를 가로질러
낡은 자전거를 타고 집으로 오는
아버지를 보고 있는 것이다

철쭉꽃

그때 그는 돌가에 피어 있는 붉은 철쭉의 사태를 보고 있었다 꿈에서 막 깨어났을 때처럼 그 풍경은 낯설고 어지러운 것이었다 변하지 않으리라 믿어왔던 것들이 함부로 망가져가는 것 같아 애써 고개를 흔들며 떨리는 손을 들어 허공을 잡쥐었다 모든 진실은 아마도 사라져가는 것들의 속에 숨어 있었는지도 모른다 사라지지 않는 것이야말로 썩지 않는 씨앗처럼 세상의 약속들을 짓밟는 것이겠기에 삼일 전의 밤은 서른 넷의 아들과 예순 아홉된 아버지가 가장 새롭게 만나는 날이었다 홍등들로 불밝힌 길을 거칠게 달리는 구급차 안에서 그는 아버지의 메마른 손을 잡았다 창밖의 불빛들이 어제와 같이 빛났다 소화(昭和) 몇 년부터 하루도 거르지 않았던 아버지의 일기는 그날부터는 더 이상 씌어지지 않았다 한 사람의 부재는 대개 이런 식으로 증명되곤 했다 가업처럼 유전되었던 아버지의 불우를 견디다 못한 어머니가 아버지의 흔적을 깨끗이 지워버렸다 일기가 옷가지가 영원이라 믿었던 것들과 함께 타들어갔다 불과 철쭉들이 어울려 천연스레 다시래기를 펼쳐 보였다 그는 아홉바우의 저수지로 돌맹이를 던져보았다 퐁 소리를 내고는 이내 잠잠해졌다

꿈

말수 없는 밤이 왔습니다 아파트 숲을 가로지르며
목마른 달빛이 내려 앉습니다 푸른 수염들이 살그머
니 일어나 온몸의 혈을 찾아 찔러댑니다 허혈(虛血)에
시달렸던 것은 나만이 아니었나 봅니다 책갈피 사이
의 마른 풀잎처럼 창백한 풍경이 아랫입술을 깨뭅니
다 그 밤에 나는 한복입고 춤추는 젊은 시절의 이모와
수북떡이라 불렸던 어머니, 흰 수건을 동여맨 이 땅의
아낙을 보았습니다 내가 한번도 발길을 떼어보지 못
한 마음의 비경이 있다면 그것은 앞으로 가야할 곳이
아니라 오히려 맨발이 되어 되돌아갈 곳이라야 할 것
입니다 내 다니던 소학교의 리기다소나무들은 아직도
청청하고 대쪽 같던 아버지의 서늘한 얼굴이 있었습
니다 다시 먹이를 따라 길 떠나는 새벽이 왔습니다 아
직 총기를 잃지 않은 별빛이 내리고 기억의 흑백사진
들을 차에 싣고 떠나는 길, 그 길이 너무 아득한 평원
만 같습니다 나와 한 시절을 같이 살았던 사람들에게
자꾸만 고마워하고 싶은 길이었습니다

독일가문비나무 숲에서

이 나무들의 홀씨가 언제 먼 바다를 건너
한반도 남녘의 산으로 이주해 왔을까
슬픔까지도 포착하고야마는 독일제 렌즈를
저 큰 키의 이마에 장착하고서
논실아제의 뒤통수를 사정없이 후려치고
내빼던 바람의 얼굴과
애써 외면하며 떠났던 그날의 썰물을
분명히 찍어두었으리
가마니에 둘둘 말려
골짜기에 그냥 던져지던 장면도
그 키 큰 나무들이 다 보고 있었으리
나무여 나무여 독일가문비나무여
외투의 끝단추까지 잠그고서
수상한 바람에 맞서던 나무여
지금은 무심히 떠나버린
그날의 썰물을 불러보며
이 텅 빈 계곡을
자욱하게
상심의 그림자 드리우고 있는가

송전탑

내 어릴 땐 변전소 옆에 살아
젊은 어머니의 등에 업혀
송전탑이 윙윙거리며 어디론가 달려가는
소릴 듣기도 했는데
봄이면 진달래꽃 사태가 나는
산간내륙을 겅정겅정 건너뛰어
한번도 못 본 바다를 그려보기도 했었는데

나는 어느새 헛되이 불혹이 되었고
늙은 어머니는 서울 당고개 역사 옆
반지하의 어두운 방에서
오지 않는 아들을 기다리게 되었다

에미와 아들의 푸른 신화를 실어나르던
저 송전탑은 여전히 노령부터 차령까지의
산맥들을 딛고 서 있는데

스스로 풍문이 되어
진창을 헤매는 두 다리로 서서
어머니가 바라볼 하늘의 한 끝을
목이 꺾이도록 바라만 보는 것이다

옥수수밭

어린 옥수수들 외다리로 서 있는 밭도랑엔 돌부처 하나 서 있는데요 기름진 흙빛을 닮아 초롱한 눈빛이 아랫마을 처녀들처럼 매끈한 옥수수 다리를 보고 있 어요 저쪽 밭도랑에선 콩잎들이 손을 내밀어 쑥부쟁 이들과 춤추고 있는데요 바람이 흙냄새를 훅 불어와 요 아 이 냄새는 어디선가 맡아본 듯한데 이 냄새는 작년 겨울 큰스님 다비하는 냄새였어요 돌부처도 맨 발로 서서 금당의 기와를 비추는 이 즈음의 달빛을 보 곤 했어요 옥수수들은 어젯밤 쏟아진 비에 쑥쑥 자랐 어요 돌부처의 선방(禪房)은 분명 검은 흙 위이죠 근 데 검정고무신 발자국만 성큼성큼 남겨놓은 성실네는 땀내나는 수건은 언제 걷어 간다죠 키 큰 옥수수가 벌 써 연산봉의 암자를 손시늉하며 보고 있어요

2부 어떤 나무들은

저 바위 뒤에

누가 저 찰진 흙 속에
스며들었을까
누가 저 바위틈으로
일생을 저몄던 모든 하루를
눕혔을까

노랑매미꽃 두런두런거리고
이마빡에 이슬 묻힌
뱀 한 마리
길섶 저 서쪽으로 어슬렁 접어드는데

에미의 처녀적 머릿단같이
치렁치렁한 활엽의 숲으로
버즘붙이 햇볕은 야위었으나
한숨 살아있는 닐들을 위해
황홀하게 비춰주나니

누가
저 억장 바위 뒤로 걸어갔을까
이승의 더운 밥 한 덩이 품고 가서
풀들의 전생(前生)과 부둥켜

썩어서 썩어서
검은 흙이 되었을까

달

세상의 길이란 길은 모두
이 해안의 절벽에서 몸 던지려할 때
투구를 쓴 게들이
저 깎아지른 절벽을
필사적으로 기어오르려 했다

그는 시정의 무료한 시간의 틈을 내어
번화한 거리의 끝에 마음을 주차해 두었었다
붉은 두건 매달은 왕자관의 내실에서
그 여자에게 서툰 솜씨로
앞날을 서약하는 금가락지를 주고 온 후였다
그게 전부였다
붉은 잉어들이
오래된 더께에 닦이지 않는
수족관을 헤엄치고 있었디

저기 하늘의 처마에 주렁주렁
매달려서
즈믄 가람을 비추는 것
낮은 것이면서도 빛나는 것이라고
말할 뻔했다

원광 뒤의 칼날
오래 묵어 억새 하나 벨 수 없는
칼날을 그 여자가 그에게 주고 갔다
해안 절벽 위에 서 있는 그에게

하루살이

버려야겠네
바랑 짊어지고 먼길 떠나는 새벽
길섶 풀잎에 바지가랑이 젖는 아침이
그대에게 한 발 더 다가간다는 믿음을

열려진 방문 틈으로
천식 앓는 갈바람 지나는데
내 좁은 화단으로 풀꽃 홀씨 하나 날아와
그대가 그만큼 더 먼 거리에 있다더군

너무 먼 거리가
아주 가까운 거리임을
너무 늦어서 손쓸 수 없을 만큼이나
너무 늦어서
더 이상은 돌아설 수 없음을 알고 나니
나의 전생애가
늘 비어있는 지게바작이었구나

내 속절없는 기다림은 병이었을지
나는 그대의 등뒤로만 그대를 부르네
오늘은 어느 아득한 하루를 살까
길 떠나는 한 마리 하루살이는

강물은 하동포구를 빠져나간다

물살은 모서리를 돌면서 더 힘을 내더군. 왕시루봉에서 가장 아름답게 보인다는 기대를 거절하듯이, 무거운 구름장 사이로 모습을 드러낸 섬진강은 파죽지세의 반란군처럼이나 기세 좋게 흐르고 있더군. 모든 것을 내던지며, 내 덮고 누웠던 이불도 걷어차며, 숙명이었던 죽음까지도 내던지며, 쏜살같이 내닫더군. 허상을 향해서만 엎디어졌던 나의 꽃들을 뒷전에 둔 채 강물은 이미 바다가 되어 있더군.

강물은 그렇게 내 생애의 한 굽이를 헤집고 들어왔는데, 아니 내 생애가 그 극단의 흐름에 몸을 내맡기게도 되었는데, 내 발밑에서 오래도록 서식하고 있었던 슬픔의 박테리아들도 축축한 저지대를 꿈틀대며 꽃들을 향하여 눈짓을 보낼 수 있을까. 꽃과 함께 서 있는 이 산굽이가 위태롭다. 꽃으로만 서 있는 이 발밑이 부끄럽다. 저 멀리 패배나 죽음마저도 신념이었던 한 사내가 가고 있다.

바다를 앞둔 강은 소리 없이 흐른다. 전나무숲 속에는 꽃들이 서 있다. 포화소리도 없는 후방을 매복하고 있는 병사처럼 나는 하릴없다. 강물은 왼갖 모서리를

돌아 하동포구를 향하여 쏜살같이 달려가고 있다. 강
물은 하동포구를 빠져나가고 있다.

숲은 어둡다

굴참나무들로 빽빽한 초암능선을 오르다
메마른 이별을 보았네
키큰나무들이 바람에 제각기 울며 섰고
별들도 파산했는가
뒷모습으로만 스쳐가네

우리의 이별은 이 숲으로 흘러와야 해
가고 갔다가 또 오지 않는 것이 삶이어서
갔다가 반드시 오고야 마는 것이
내가 보내버린 세월이어서
조각난 마음들로 아팠던 기억이어서

주민등록 한 칸을 차지하고
어딘가에 살아있을 그대여

이미 어두워진 숲에서 그대 생각하니
별들은 먼 하늘에 눈을 주고
오소리 한 마리 눈에 불을 켜고
더 어두워진 숲으로 스며드네

싸락눈

— 알카에다 전사를 위하여

짐승 같은 추위가 공원 어귀에 묶여서
그 쇠사슬 끝으로 추위보다 더 날랜 어둠이 올 때
희끗희끗 떨어지는 희망의 싸락눈들은
더 이상은 타전되어 오지 않는 말들
울기를 잊어버린 울고 있는 얼굴들 비추면서
어느 먼 동굴로부터 날아오고 있는 것일까

아득한 저 벼랑 밑으로 추락하는 꽃송이들
한때는 인간의 새벽을 향해서만 떨어지던 것들이
창끝 같은 절망의 날을 세우고
손이 등 뒤로 묶인 채 뒷걸음치고 있다
죽음도 제것이 아닌 이역의 병사처럼
퀭한 눈으로 어둠 속을 바라보고 있다

어떤 나무들은

　여름산은 온통 순결한 흰색이었다. 사람들을 다 떠
나보내고 홀로 된 산은 스스로 저에게 오는 길을 다
지우고 있었다. 텅 빈 산은 제 몸에서 떨어져 길바닥
에 널부러진 흰꽃들이 이어진 길로 눈부셨다. 나는 꽃
잎들을 손바닥에 쓸어모아 훅 불어 보았다. 지상의 한
시절이 순백(純白)의 입김을 끌어모으며 발등을 덮어
왔다. 문득, 그 꽃잎들이 떨어진 자리에서 나무들 위를
올려다보았지만, 어디에도 그 꽃잎을 떨굴만한 나무는
보이지 않았다. 대각암(大覺庵) 근처에서 좌선에 빠진
오동나무 한 그루를 물끄러미 바라보았다. 뽕나무는
달아나지 못했다. 자신의 실존을 검정 잉크로 인쇄해
놓았다. 그 길이 다 끝나갈 때까지 나는, 흰꽃을 매달
고 있는 나무를 찾지 못했다.

가을 하루

억새의 이랑이 물결쳐온다
저기 산협 알몸의 자작나무들은
토르소가 된 채
이승의 뒤를 보고 있다

마음이 오랜만에
저 시원을 닮은 학바위를 보며
에미의 젊은 시절을 향해 출렁일 때
낮달은 오래 전에 죽은
넙치의 화석이 되어
하늘에 진열되어 있었다

그리고 하늘에 또 무엇이 있는가

새들이 물속의 반가사유를 스친다
강물이 억억 광년을 흘러간다
비늘구름들이 색색의 행글라이더를 타고
이승의 마을을 덮쳐온다

무등산

육교를 오르면서 산은 보이지 않고
저 산이 드리운 그림자만 보였다
산은 자신의 발치를 내려다보고 있었다
이마에 상아빛의 눈더미를 얹은 채
정신의 빙하를 순행하고 있었을 때를 떠올렸을까
산은 그 시원의 때에 모든 것을 깨달았으리
아름다움은 너무도 무서운 고독이라는 것을
진정 고독한 자만이 자신의 숲에 깃들 것임을

나와 저 산을 같이 했던 사람들이 누구였던가

산이 저기 있기는 있는 것일까
형체만 남고 어디로 숨어버린 건 아닐까
묵묵히 백악기의 한 때로 돌아간 양
그저 바람에게 몸을 내주고 있는 건 아닐까

그런데 참 이상하기도 하지
저 익숙한 능선이
습관이 되지 않는 모습으로
여전히 푸르른 몸짓으로 남아 있는 것은

들불

저게 들불이구나
눈시린 하늘을 베고 누운
들녘을
오래 흘러온 전설처럼 그대가 서 있고
일생의 언덕을 소진하려는 듯
불길이 오른다

내 무슨 노역(勞役)의 무거운 짐을 지고 왔길래
내려놓지 못하고
자꾸만 기어올라야 하는 것일까
기어오르려 하면 할수록
갈수록 낮아지기만 하는
그래서 결국엔 한 무더기의 잿더미로
사라져야 할 것을

불길이 오른나
그대의 편지에 담긴
오래된 담배진 같은
한숨도 타오른다

산등성이에서 휴식을 취하는
갈참나무들이 눈 매워 켁켁거리고 있다

절연

　그대로부터 오는 모든 소식이 두절되고 힘겹게 살아
나는 기억들이 마치 먼 길을 돌아서 걸어오는 별자리
처럼이나 아련합니다. 이제 다 썩어 형해만 남은 은행
나무 이파리들이 구두 위를 헐겁게 덮어왔습니다. 온
몸에 먼지와 진흙탕물과 지독한 체념의 토사물로 범
벅이 된, 그 가을의 마지막 잔해가 가슴에 옵니다. 메
모지는 그대와의 차가운 추억을 금속성으로 내뱉고
술병들이 쓰러진 자정은 이 도시를 낯설게 합니다. 트
럭 위에 던져진 책들, 지키지 못한 약속들, 회개하지
않는 일기장들과 뒤섞여 나는 이제 원점으로 돌아갑
니다. 나의 시초는 그리 건강하지 못했으므로 그대가
남긴 말들이 늘 바람처럼 웅웅거리며 내 주위를 떠돕
니다. 내 만년필은 정해진 행로를 피해갑니다. 나는 여
전히 허물벗은 뱀처럼 숲을 두리번거리며 이 견딜 수
없는 침묵의 와중을 지키고 있겠습니다.

너에게 영치당한 나날

바람을 막아줄 아무것도 없이
너에게 간다
무엇이건 나는 너에게 다 주었다
나를 가려줄 것이 아무것도 없다는
사실이 실은 나는 홀가분한 것을,
다 주고 나니까 실은 황홀하다고
말할 수는 없다, 내 불면은
그것을 걱정했으니까

익숙한 얼굴 하나가
석고상처럼 굳어져서 실려갔다
그와 함께 실려간 것은 세월이었는지도 모른다
버스 토큰 두어 개만을 남겨두고
모든 것을 너에게 영치해 둔 세월을
찾으러 가면
그때까지 너는 그 빈 세월을 기다려 줄 것이냐
아니 나는 잊지 않고 그 세월을 인정할 것이냐

금남로 은행나무

어젯밤에도 나는 은행나무
너에게 눈길을 주고 갔다
자라나지 않는 꿈으로 불안한 내일이
발길에 채이는 밤길에
밤도시의 외로운 비명들이 부딪쳐 오는데
너희들은 도열한 이정표들
한시도 지치지 않았던 굳센 손짓들이었지
우리가 저 곧은 길의 끝까지 줄달음칠 때도
그리고 자주 물기에 번진 마음으로
그대에게 기댄 채 발끝을 내려다보던 때도
묵묵히 두꺼운 손을 내밀곤 했지
세상이 네 금빛 이파리들로 덮여져도
끝내 보도블럭 한 조각에 형형하게 살아나는
한 사람의 눈빛을 받아들이면서
너희들은 중절모를 쓴 젊은 아버지가 되어
이 길을 지키고 있구나

진달래 피는 풍경

　날이 갈수록 새로운 아픔으로 새삼스러운데 또다시
꽃은 피어 온 마음을 불지른다 채 발견해내지 못한 지
병으로 숨어 있어 그냥 스쳐 지나갔었지만 요 이삼일
조용한 봄비 오간 뒤 초록으로 무성해진 수풀을 뚫고
침투해 온 적병처럼 위험하게 신호하는 꽃들 그 표정
낯익어서 짐짓 나도 그 속에 들어가 숨고 싶었다

바람이 그린 벽화

아내가 남겨 놓은 일도 다 끝내고
혼자 견디는 일도 쉬 피곤해져서
아파트 옆 산책로엘 나가 보면
어느새 깊어진 나무들의 얼굴이
무인석처럼 도열해 있다
넋 나간 희망으로 스스로가 우스울 때도
그 여린 나뭇가지들은
농구하는 소년들을 대견스레 바라보며
성장의 기쁨을 노래했으리라
그들이 어울려 부르는 휘파람 소리
담쟁이 덩굴을 타고 오르는 석양이 되면
나트륨 불빛에 환해진 얼굴 하나 떠오른
가을이 문득 지병처럼 깊어져
바람은 나무들을 뒤흔들고
아파트 벽에 큰 그림자를 새겨놓아
나무는 벽화가 되어 밤새
집 밖에 서 있다

칠선계곡

숲은 오동나무를 감추려 하지만
떨어져 내리는 꽃잎들은 자꾸만
알몸으로 떨어져 내린다
보다 높은 곳의 나무들은
낙엽을 무더기로 등뒤로 날리면서
메울 수 없는
마음의 골짜기를 덮어 버린다

이제 보니 나는 온갖 균열의 덩어리였던 것이다

지난 시절의 길은
얼마나 필사적으로 뭉쳐져 있었던가

길이 사라진 모든 길 위에서
비로소 안심하게 되는 것일까
믿지 못했던 것을 믿게 되는 것처럼
믿었던 사람이 등 돌려 가는 것처럼

3부 황룡강

문상(問喪)

두 달 전에 그를 그의 사무실에서 만났었다
어젯밤 발바닥을 너무 비볐다고 하면서
내게 예의 그 너털웃음을 주던 그를

그는 늘 그런 식이어서
그가 막상 잔뜩 생각에 잠긴 얼굴로
영정 뒤에 누워버렸을 때
껍질을 벗기운 삶은 달걀처럼
예민해져서 허둥대어야 했다
나의 껍질은 더 단단해져서
그의 고통에 채
전염되지 못했었지만
고단했던 이승의 일정에서 놓여난
그가 얼마나 편안해져서 웃고 있을까
생각하며 마지막 술잔을 비운다

공용 터미널

　나는 이제 이 도시를 떠납니다. 내게 준 당신의 말들이 황토흙을 맨발로 돌아다니다가 어깨를 비끌어매는 가방 속에 실려갑니다. 당신의 흔적은 잘려 나간 머리카락처럼 발등을 어지럽히다가 금세 푸르른 하늘 한 켠에 매달립니다. 가슴 속을 흐르는 물이 차올라 당신은 늘 기억의 저수지 한가운데서 헤엄치고 있습니다.

　지하 계단엔 초췌해진 그리움이 좌판에 나앉고 사나흘 잠못 든 얼굴 하나 술냄새를 풍기며 신문지 한 장을 덮고 그 옆에 누웠습니다. 나는 여전히 당신에게 가는 희망 하나를 옆구리에 보듬고 광장 모서리에 떨어지는 별빛 한 줄기를 바라보고 있습니다. 어디에 있습니까. 당신이 남기고 간 말은 아무도 거들떠보지 않는 자명종 시계가 되어 이 분주한 육교 위에서 당신을 만날 시간을 알려댑니다.

느티나무

그대에게 스미지 못해 외로운 날
담양 관방제 느티나무길 찾아 드네
바람이 머금은 습기와
땅 속의 말들을 빨아들이며
어둠 위로 한없이
솟아오른 나무여
쓰러질 수 없어서
차라리 베어져 나간 나무들이여
제 몸의 잎사귀들을 흔들어
낮은 지붕도
그 밑의 사람도
다 덮어버리는 나무여

어머니, 저는 이 나무 밑에 있어요
고향도 이 나무들 곁에서
홀로 물소리에 귀를 석시고 있었나 봐요
아직 제 눈은 맑고 먼 데 보고 있는데
웬일인지 차양을 드리운 저 나무들 밑이
상가(喪家)처럼 침침한 불을 걸고 있는 것 같아요
누가 몰아올지 모를 어둠의 그늘을
이 느티나무들은 높이 서서
다 보고 있어요

황룡강

동학패들이 장태를 굴리며
진격하던 황룡강 옆을
어머니와 어린 조카를 태우고
서울로 간다
기다려 줄 이도 없는
낯선 땅을 향하여
어두운 새벽을 틈타
수십 년 낯익은 골목의 어둠을
용달차에 퍼담아 허둥지둥
연기처럼 빠져나가는데
세간살이들은 어디를 가느냐고
끊임없이 덜커덩거리고
물안개는 겨드랑이 사이를 빠져나와
무리진 억새들을 감싸며
아직도 돌다리 위에 서성이고 있다
갑오년 그 날에도 저렇게 출렁였을
검은 물살의 사이로
흰 수건 동여맨 사람들 스치는데
잡으려 하면 손가락 사이로 빠져나가는
지금은 먼 북소리
저 우직한 산을 보세요, 어머니

지금은 등 돌리고 먼 데 보고 있지만
우리 노을빛에 그을린 얼굴이 되어
이 강물과 함께 돌아올 때까지
지금 저 자리에 서 있을 거예요

당고개

1

길은 이렇게 단순한 것을
광주에서 당고개까지 4시간
오래된 몰락의 사연만
맞지 않는 장롱의 문짝처럼 무거울 뿐
어두운 골목을 빠져나오자
가난도 절망도 이처럼 홀가분할 것을
새벽 안개 속으로
치솟는 뜨거움을 눌러버리고는
노제(路祭)를 마친 운구차량만큼이나
빨리 이 낯선 땅에 도착하면 되었다

2

전철이 초겨울 바람을 앞세우고 밀려오는데도
어머니는 등만 보인 채
부엌살림들을 챙기고 있었다
눈발이 왁자하게 골목을 덮는데
내 혈관 속의 붉은 딱지들은

떨어지지 않고
슬픔의 보퉁이 위에 주저앉아
시커먼 벌집 같은 당고개 역사를 향하여
담뱃불을 던져야 했다

전야(前夜)

부도난 병원 옆 식당에서 밥을 사 먹었습니다
쓰러뜨릴 풀 한 포기 자라지 않는 빌라촌에
병원은 쓰러져 스스로 풀이 된 것이겠지요
골목에 쌓아놓아 우세를 사던 이삿짐들은
어머니가 그 단칸방에 다 몰아 넣었습니다
조카를 데리고 새 학교에 전학수속을 마치고
이력서를 내기 위해 이곳에 온 길이었지요
어떻게든 살아가야 할 막막한 전야가 금세 오고
그리워할 시간마저 낯설어질지도 모르겠습니다
당신은 아마 가로수들 옆에서 겨우 잠들겠지요
별들이 너무도 푸르게 내려와 내 손을 잡습니다

햇볕 눈부신 쪽으로 돌아다 보다

다섯 시간의 여행 끝에 그곳으로 돌아온다
멀미를 달래주는 그리운 표정들
나는 상반신을 창쪽으로 돌린다
햇볕에 씻긴 말간 새들의 몸짓이 가벼웁고
현수막 너울대는 틈으로 눈부신 나무가 있으리라
생각한다 이미 밤은 늦고

운전사들은 해변도시를 호객하고
셔터를 내리면서 침을 뱉는 술집 주인이 있다
아내와 아이는 이미 잠들어 있으리라
나는 저 도시에서 아무것도 가져오지 못했다
나는 뭔가를 또 가져가기 위해 왔다

곧 만곡진 바다가 햇살에 출렁거릴 것이다
아무도 새로운 사람이 아닌 내일이 올 것이다

내가 돌아다보는 쪽으로 해가 떠오를 것이다
해가 떠오르는 쪽으로 내가 돌아다 볼 것이다

광주(光州)

내 한 때는 이 도시에 지우지 못할 사랑을 묻었었다
거리의 모든 가로수들에 입맞추고 석양이 되면
반가운 사람들이 모여드는 술집들의 거리도 있었다
통금 사이렌에 쫓기며 술잔을 들이키고
골목골목의 작은 창을 두드려 잠든 사람을 깨워놓기
도 했다
하얀 목련이 만발한 집을 지나칠 때
하얀 목련을 닮은 그 집 딸을 볼 수 있을까 설레기
도 했다
그 도시의 오월에 나는 스무 살이었다
나는 전사들이 환호하며 질주하는 것을 보았다
하루는 나도 모르게 내가 그들 속에 있었다
엠16을 비껴맨 멋진 제복의 병사들이 아니라
수건으로 복면을 한 더부룩한 장발의 사람들과 함께
였다
어떤 공포보다도 무서웠던 막다른 골목에서의 기억
온몸의 피를 거꾸로 흐르게 하던
함성과 잉크냄새 향기롭던 전단들
차창이 깨진 온갖 종류의 차들이 어디론가 몰려가고
불안한 선무방송이 상공에서 어지럽던 다음날이었
던가

탱크의 캐터필러 소리가 목을 조르듯 가까워지고
모든 것이 끝이었다
엄청난 절망이 돌멩이가 되어 우박처럼 이 거리에
날았다
그 때의 나는 스물이었다
나는 지금 영원히 스물이어야 할 광주에 있다

백암산

누가 이 산 깊숙이
뜨거운 물 흐르게 하고
찬 바람 이마에 받고 서 있게 했나
밤새 내린 눈이
사랑을 다 말 못하고
땅 속으로 흐르는 지열
좀체 식지 않는 그리움으로 녹아 내리나
산정으로 바람이 분다
상하지 않은 바람이 분다
상하지 않기 위해
산정으로만 몰아치는
바람이 분다

이력서를 쓰는 대낮

지난 밤 나와 함께 불면하며
곁에 있던 새도
아침이 되어 보이지 않고
아파트 앞 빈 주차장을 보며
마음의 황량한 공회당에 줄을 긋고
이력서를 쓴다
이력서엔 이력이 났건만
어디에선가 구겨져 돌아오거나
쓰레기통에 처박히기 일쑤이겠지만
이력서를 쓰는 날은 신성하다
적어도 지난 날 나의 행적이므로
굴절과 참패로 얼룩진 나날일지라도
살기위해 애썼던 나날이므로
부끄럽지는 않다
디만 언제부턴가 마감되어 더 이상
덧붙일 것 없는 나의 이력이
더는 자라지 않는 죽순처럼
어두운 대숲에 웅크리고 있어
누군가 낫을 들고 올 것만 같아
이력서를 쓰는 대낮에
홀로 두려움에 떠는 것이다

동네 이발소

혹시라도 지하 이발소엔 들지 말게나 어두컴컴한 조
명 밑에서 뭔가 감당하지 못할 작업이 벌어지기 일쑤
지 간판은 퇴색했지만 마음씨 좋게 생긴 아저씨의 동
네 이발소에 가보게나 날렵한 가위질 솜씨는 믿음을
주고 면도질에 머리 감기기까지 혼자서 다해내는 그
아저씨를 보면 정말 기분이 좋아진다네 여기저기 돈
잘 버는 이야기에 침을 튀기기도 하고 다가오는 대통
령 선거 이야기가 나오면 열을 올리기 일쑤지만 그는
누구보다도 뚜렷한 주관이 있다네 돈이야 자기 일 열
심히 하면서 먹고 살 만큼만 벌면 되는 거고 이번 대
선에서 정권교체가 안 되면 이 나라엔 희망이 없다면
지나치게 욕심 부리는 사람 잘 되는 꼴 못 보았다면서
드라이어를 씽씽 돌리지 시간 나면 바둑도 한 수 두고
오게 가위질하면서 행마와 포석만 연구했나 근처 노
래방 주인도 철물점 사장도 꼼짝 못하고 당구로 승부
를 가르자며 벼른다네 아무튼 오만 잡것 모르는 것 없
고 벼라별 잡기 능하지 못한 것 없는 그가 가위질하는
동네 이발소에 들러보게 나른한 일요일 오후를 즐겁
게 보내고 올 수 있다네 다 내 방식대로 사는 것이지
만 영락없는 샌님꼴 못 벗어나는 내 모습을 되돌아 볼
수 있다네

천관산

.

산불이 남쪽 사면을 송두리 집어 삼켰다

바위는 방패를 들고 나무는 투구를 썼다

진달래꽃잎 드문드문 남아있는 능선에

불에 탄 소나무 몇 그루 유민처럼 웅크린 채

바닷바람에 속절없이 짓밟히고 있다

분수대

너를 이 휴게소로 데리고 온건
이 양지바른 곳의 작은 분수대 때문이었다
외진 곳에서 물줄기를 뿜어대는
작은 분수의 빛남을 보며
더는 빛날 수도 없는
우리들의 절망을 적시고 싶었다
네가 걸어온 외길은 비록
제 구유에 먹이도 채우지 못하는
지독한 가난만을 보장했건만
더 배고플 수 있다는 것도
흔치 않은 자유라면서
누군가 치러내지 않으면 안될 전쟁에
온몸을 던져 싸우고
그 캄캄한 아홉굽이의 외길을 걸어
이제는 흙빛 입술로 돌아왔구나
지금은 관객도 뜨내기도 모두
스스로 자기의 동작선을 생각할 때
너와 이 분수대의 물줄기를 보면서
그저 맨 처음일 때의 너처럼
초여름의 나무냄새를 짙게 풍기며
아무나 만나면 덥석덥석 껴안아 입맞추고는

설익은 몸짓으로 웃던
아주 맨 처음을 떠올려 보고 싶은 것이다

박효선

그가 무대 뒤로 퇴장했다는데
다시 조명이 들어온 무대 위로
활달한 몸짓으로 들어올 것도 같은데
그의 그림자는 보이지 않는다
분장 시간이 너무 길어지는가 보다

백두산에 갔다

일제 도요다가 산정 바로 밑까지 실어 나르는
그 산은 더 이상 사냥꾼과 전사들의 산은 아니었다
아침 햇살에 하얗게 빛나는 백화나무의 숲도
아마도 발해의 영토에 맞닿았을 대초원도
생소한 외국어에 뒤섞여
나를 한 이방인으로 묶어놓을 뿐
심양에서 꼬박 날을 세워 달려온 우리는
애써 이 산이 주는 경외감에 취하려 했다
아 그러나 더 이상 폭발을 멈춰버린 산이지만
이 나라 묶인 마음들에게 단 하나의
뇌관을 간직한 산임을 소름이 돋도록 알겠네
산정에 간직한 호수인지 바다인지 모를
엄청난 물은 곧 하늘에 가 닿을 것이므로
솟아오른 봉우리들은 장백폭포 흘러내린 물과 함께
곧 지상을 직실 깃이므로
천지 옆에 선 사람들은 만세를 부르고
색색의 치마저고리를 입고 사진을 찍는
조선족들의 표정을 보면
이 산이 왕조실록의 기록을 뛰쳐나와
언젠가 꼭 한 번은 폭발할 것임을 알겠네

단풍나무

계곡가에 도열한 단풍나무들이
빨갛게 멍든 나뭇잎을 찬물에 뿌리고 있다
이 너덜경 너머 골짜기에서
인공 때 아랫마을 사람들 죄없이 끌려와
단풍잎처럼 뿌려진 적 있었다

4부 산 속의 길

하동 송림

이 강언덕 어디에 사라진 사람의 마지막 장렬한 몸짓이 화석처럼 박혀 있는 걸까. 흰수건을 동여맨 사람들이 형제봉을 넘을 때 바닷물은 역류하여 시커멓게 모래사장을 적셔놓았지. 이 강변 어느 대숲에서 처음 너를 놓아 보냈던 아버지의 메마른 소리 들리는가. 한때 너희가 돌아올 수 없는 시대의 화염 같은 아우성 속으로 몸을 던질 때에도 이 강은 세상에서 가장 낮은 자세로 엎드려 있었지.

멀리 지층 속으로 흐르는 물줄기를 찾아 길 잃은 대상(隊商)처럼 헤매던 소나무들이 이젠 그렁그렁한 장년의 숲이 되었지. 그 그늘 아래서 포대에 재첩을 담던 아낙과 강가에 뛰놀던 아이들은 다 어디로 갔을까. 한 척의 배가 누군가의 뼛가루를 뿌리고 소나무들은 고개 수이고 있는데 목마른 강은 자꾸만 시간의 수맥을 퍼올리며 어슬렁 다가오는 산그늘처럼 말없이, 시작도 끝도 없이 오가는지.

산 속의 길

고로쇠물이 투명하게 온 산을 돈다

낙엽이 이리저리 휩쓸린다

급경사의 바위 뒤로

또 하나의 길이 솟는다

바람이 잠시 발을 멈춘다

산수유꽃이 희미하게 웃는다

질빵을 푸는 소금장수의 땀방울이 떨어진다

구름 사이 별자리가 점점 또렷해진다

빈 집 1

불현듯 낙향해 버린 너의 소식을 좇아
강변을 따라 달려왔건만
아스라한 현수교 아래 세찬 물소리만 남겨두고
너는 아무 곳에도 없었다
주인 없는 빈 집에서 양양한 개들이 적요를 찢고
어느 집에선가 내쳐진 소파 위에서
고양이 한 마리 적의를 빛내고 있었다
그간 강 너머의 잠은 편안했는지
너는 기어코 이 강을 건넜구나
시대를 가파르게 거슬러 가다가
항로를 잃은 너의 난파선은
그러나 어떤 구원의 손길도 거절한 채
이 산기(産氣) 없는 강마을에 둥지를 틀었구나
스산한 강바람에 맞서
더 위로 뻗으면서 마을 지키는
키 큰 미루나무들을 자랑스레 세워두고
더 높은 언덕을 매기 위해
개 짖는 소리로만 남은
너의 빈 집

노랑매미꽃

조계산 내려오다가
노랑매미꽃 하나 캐어다
아파트 거실에 키웠는데
목만 길어져
외커진 사랑
사흘만에 아파트 앞뜰로 옮겨졌네
사랑을 보내는 일은
마음 속 덜 꺼진 불길마저
물괸 포도에 던지는 일

그대에게 옮겨가지 못한
홀씨 하나가
앞뜰에 떨어지네

순천만

바다는 보이지 않고
갈대만 무성한 바다
무엇을 가리려느냐
돌멩이 하나 던지면
일제히 이륙하는 새들이
바다의 길을 보여주네
그러나 저 새들이
여기 해지는 석양을 배경으로
집 짓지 않고
더 먼 길을 가는 것이라니
어디서 조작하는지
나를 시동하는 리모콘은
끊임없이 삑삑 소리를 내면서
떠나라 떠나라 하네

벽소령 가는 길

신축 산장에 내건 불빛이
안개비 속에서 달빛을 닮으려 한다
물기에 후줄근해진 산이
이마에 흐르는 소금기를 머금고
저 홀로 어두워진다
어제 나는 아홉 해를 보낸 직장을
그만 두었다
아버지의 등걸 같은 이 산이
홀로인 모든 날들을 불러들인다
연분홍 진달래 우수수 꽃잎 뿌리고
청설모 한 마리 생각에 잠겨 있다
아스라한 낭떠러지 길도
동구 앞 골목길 같다

차일봉 진달래

차일봉 오르는 길목엔
노랑매미꽃 산곡 가득
물음 부호로 찍혀 있고
저 건너 화엄 계곡의 산벚들
눈부시게 피어있다
아무도 다가가지 못할
심연이 아니라
마음의 가장 가까운 이웃으로
저무는 햇빛 가슴에 남겨
검은 바위틈으로
붉은 진달래꽃들을 피워낸다

흥얼거리다

해안에서 주워 온 조약돌이 흥얼거린다
한 무더기의 패랭이꽃
담장가의 분꽃, 채송화, 맨드라미들이
함께 어우러져 흥얼거린다

뒤란 대숲으로부터 불어오는
바람이 흥얼거린다
앞뜰에서 풀벌레들과 개구리들도 흥얼거린다

나는 주말에 찾아간 산의 능선에 피어 있던
아련한 산수유꽃 그늘을 떠올린다

밤이 되면 별빛도 흥얼거리며 내려앉는다
돌아가신 아버지도 그 속에 있을 것이다
사라져간 모든 것들이
풀로 눕고 별로 떠서
저렇게들 흥얼거리고 있는 것이다

수양버들

게임기의 포로가 된
조카를 데리고 용지(龍池)에 간다

아가, 보이니?
저 똑바로 선 중심을 휘감은
숱 많고 윤기나는 가지들의 절묘한 탄력이
비행접시처럼 사뿐히 착륙한 연잎 위로
지상의 신호를 타전하듯
잔뜩 궁리하는 포즈이지만

저렇게 휘어질 수 있는 건
이 세상에 또 없단다
온몸을 수면에 닿을 듯 굽히고도
꺾이지 않는 건 더욱 없지

저렇게 세상에 나가면
우리도 연못, 아하
그 용궁의 밀어랄지
그런 것에 곧 닿게 될 거야

빈 집 2

지워지지 않는 흉터처럼
저렇게 버려져 있었구나

모두 다 빼앗기고
마당에 버려진 가족 사진 한 장

포크레인 삽날을 간신히 피한
옥양목 한 그루

나는 가도 너는 여기 남겠구나
더 날쌔어진 바람 견디겠구나

나뭇잎의 이면

여름날 학교 운동장에서
모래알들이 까매지도록 놀다가
미끄럼틀 옆에 떨어진
은사시나무 이파리를
뒤집어본 사람이라면 알지

햇살에 윤기나게 반짝이는 나뭇잎의 뒤에서
보이지 않는 물길을 끌어들이고
부드러운 솜털로
지상의 나무들을 키워낸
그 길이 왜 그리 주름투성이인지

그 길로 물동이 져 나르고
아이의 똥 묻은 빨래를 해 널고
쌀독의 바닥에 남은
절망 같은 보리쌀을 퍼다
식구들의 밥을 해 댄

어머니의 등 굽은 허리가
은사시나무 이파리의 이면
그 작은 길을 걸어간다

읍내 장에 내다 팔려고
밤새 짠 대소쿠리를 이고 간다

울고 싶은 날

큰 소리로 울고 싶은 날
가슴속의 먹구름이 이리저리 몰려다니다
마침내 땅 위에 숙숙 박히며
꺼이꺼이 소나기가 술상을 치는 날
낙인찍힌 서러움이 우리를 치고 나오면
집에 가는 방죽길을 울면서 가자
빗장에 채워졌던 울음보를 터트려
벌겋게 달궈진 쇠뭉치로 쾅쾅 내려치듯
뜨겁게 뜨겁게 울면서 가자

백양사 근처의 눈발

갑자기 내리기 시작한 눈발이
호남평야를 하얗게 뒤덮었다
마지막 터널을 넘기 전
눈발의 대군이 장성 갈재를 막고 섰다
흰 수건을 동여맨 사람들이
우르르 재를 넘어 가고 있다
바람을 타고 나는 듯
눈발이 온 천지를 무너뜨리고 있다

방음벽

아들아, 어딜 또 가느냐. 팽팽히 당겨진 실낱을 팽 당기는 소리만을 남겨두고 아직도 잊지 못하는 산과 개울을 두고 어디 가느냐. 너로부터도 잊혀지지 않는 소리가 있었으니 너로부터도 석양에 떨구어지는 노래도, 일찍 집에 들어가 버린 동무를 불러내던 무구한 음성도 있었으니 이제는 소리벽 저편에 물러앉아 봄볕에 제 몸 달구어 온산을 불지르듯 피어나는 진달래 사태를 먼 눈빛으로 바라보며 어디 가느냐. 여적지 제 귀를 틀어막고 쏜살처럼 오가는 너의 불안한 춤 보고 있었으니 너에게 그토록 급박한 그리움이 있었더냐. 늙은 소 텀벙거리는 애비의 무논에도 아랑곳 못하는 위중한 사랑이라도 있었더냐. 오늘은 부디 밭두렁 태우는 불길이라도 보고 가려무나. 오늘밤 네 가슴에 쥐불 한번 놓아 보려무나.

변산

나는 또 어제의 일기를 불태웠다

호랑가시나무에 비에 젖은 마음 하나가
찢겼다 바닷바람에
모든 길들이 날린다
재만 남은 사람들이
간신히 바위절벽 뒤에 숨어
아슬한 날들을 견딘다

드디어 나는 홀로 죽을 수도 있겠다

배급식량을 기다리는 대열의 맨 끝에 서 있다가
식어빠진 옥수수죽 한 그릇 얻어먹을 수도 있겠다

영치된 세월의 통과의례로서 시 쓰기

임동확 시인

송태웅 후배 시인의 시적 중심의 공간은 단연 광주다. 제 아무리 아무리 탈주를 시도하거나 화려한 가출을 꿈꾸어도, 그는 금세 이곳으로 붙들려오고 만다. 물론 그의 발걸음은 현재 살고 있는 순천을 근거로 때로 대구와 하동포구, 지리산과 천관산, 황룡강과 백두산, 서울 당고개 등을 넘나들고 있는 것은 사실이다. 하지만, 떠나도 멀리 떠나지 못하고, 돌아와도 완전히 돌아오지 못한 채 항상 그 주위를 맴돌고 있다.

> 터미널 대합실 벤치에 앉아 있는 나를 두고
> 금호고속 버스는 몇 대나 그냥 지나가버렸을까
> 서툴렀던 과거가 모두 정당화되던 통음의 밤에
> 벗들은 엄중한 표정이 되어 하나둘 사라지고
> 시대마저 등뒤를 보여주면서 하나씩
> 술집의 서터를 붙들고 사라졌었지
>
> — 「불귀(不歸)」, 1연.

통상적으로 "터미널"은 누군가 어디론가 떠나거나 돌아오는 동적인 공간이다. 하지만 송태웅에게 있어 "터미널"은 귀환하거나 탈주하기 위한 공간이 아니다. 분명 그 공간에 머물러 있되 어디론가 이동하는 모습을 좀처럼 보여주지 않는다. 그보다는 자신을 "대합실 벤치에 앉"혀 "두고" "등뒤를 보여주면서, 하나씩" "지나가버렸"거나 "사라진" "고속버스"와 "벗"과 "시대"를 반추하는 공간에 더 가깝다고 할 수 있다. 자신의 고통과 상처로부터 잠시나마 이탈하기 위한 탈출의 공간보다는 바쁜 일상의 삶 때문에 잠시 잊고 지낸 지난 날들의 상처와 아픔을 회상하고 반성하는 접점으로 작용하고 있다. 떠나가고자 하나 떠날 수 없고, 붙박이를 꿈꾸되 붙박이로 살기에는 견디기 힘든 그 경계에 그의 시가 자리하고 있다는 얘기다.

언젠가는 이 터널에
홀로 걸어 들어올 날 있으리
아우성 같은 굉음만을 울리며
쏜살처럼 지나가야 할 줄만 알았는데
등뒤에 도사린 어둠이 너무 두려워
저 훤한 출구조차 믿기 어려웠는데
언젠가는 이 터널에 내 발로 들어와
저 주름진 동굴벽에 떨어지는 물방울들
혹시 앞서간 사람들의 눈물이나 아닌지
손바닥으로 쓸어보리

하지만 다시는 이마에 대고
흘러가 버린 시절을 추억하지 않으리
··· (하략) ···

　무심코 어떤 터널을 빠르게 통과해버린 연후에, 문
득 그는 자신이 방금 지나온 터널에서 결코 자유로울
수 없음을 발견한다. 갑자기 그 터널을 통과하면서 어
떤 기억이 그의 영혼을 사로잡은 까닭이다. 그러면서
그는 자신의 "등뒤에 도사린 어둠이 두려워"졌고, 그
걸 자각하는 순간 "아우성 같은 굉음만을 울리며" "쏜
살처럼" 그 터널을 스쳐 "지나가"고자 한다. 하지만 내
면의 공포가 극대화되어, "훤한 출구조차 믿기 어"렵
게 만든다. 단적으로 "터널"의 앞쪽과 뒤쪽을 경계로,
뒤쪽에 있는 "어둠"의 강렬함이 앞쪽의 '밝음' 또는
'훤함'을 부인하게 만들고 있다.
　어쩌면 그것들이 자신이 '자청' 혹은 '요청'한 환상
인지 모르지만, 한낱 교통소통의 편의수단에 불과한
"터널"에서조차 자유로울 수 없었음을 역설적으로 드
러내고 있다. 물리적으로 분명 "터널"을 통과했으되,
그의 의식은 여전히 그의 "등뒤에 도사린 어둠"이 그
만큼 완강하다는 것을 느끼고 있다. 그래서 그는 "홀

러가 버린 시절을 추억하지 않으리"라고 단단히 다짐한다. 하지만 결국 그는 "언젠가는" "동굴벽에 떨어지는 물방울들"이 밝은 미래의 삶으로 "앞서간 사람들"이 아니라, 죽음으로 "앞서간" 이들의 "눈물이나 아닌지"를 "손바닥으로 쓸어보"겠다는 의지를 피력하고 있다. 그렇게나마 그를 끈질기게 붙들고 있는, 아니 붙들리고자 하는 기억과의 잠정적인 휴전을 청하고 있다.

그의 시적 시간성 역시 이러한 공간성과 밀접하게 관련되어 있다. 마치 그가 여전히 터널에 갇혀있는 것 같은 환영에 사로잡히거나 그곳으로 돌아가고자 하는 의지를 피력하는 것처럼, 그의 시 속의 시간들은 "필사적으로 뭉쳐져 있"(「칠선계곡」)거나 "아무도 거들떠보지 않는 자명종 시계"(「공용터미널」) 형태를 띠고 있다. 그러면서 서사진행의 도중에 과거의 사건들이 불쑥불쑥 개입해, 현재의 인식을 중단시키고 현상적인 사건들의 흐름을 일시적으로 차단하는 형태를 취하고 있다.

바람을 막아줄 아무것도 없이
너에게 간다
무엇이건 나는 너에게 다 주었다

나를 가려줄 것이 아무것도 없다는
사실이 실은 나는 홀가분한 것을,
다 주고 나니까 실은 황홀하다고
말할 수는 없다. 내 불면은
그것을 걱정했으니까

익숙한 얼굴 하나가
석고상처럼 굳어져서 실려갔다
그와 함께 실려간 것은 세월이었는지도 모른다
버스 토큰 두어 개만을 남겨두고
모든 것을 너에게 영치해둔 세월을
그때까지 너는 그 빈 세월을 기다려 줄 것이냐
아니 나는 잊지 않고 그 세월을 인정할 것이야
— 「너에게 영치당한 나날」 전문.

　그의 시간 의식은 대체로 자연과 사물의 무한 반복
을 가리키는 우주적 시간이나, 직선적이고 선조적인
흐름의 역사적 시간의식과 거리가 멀다. 차라리 '시간
의 부재'에 가까운, '연속'의 반대로서 과거의 사건 또
는 체험이 '지속'되고 있다고 할 수 있다. 단적으로
"바람을 막아줄 아무것도 없"는 현실의 시간 속에서,

"나를 가려줄 것"은 역설적으로 "모든 것을 너에게 영치해둔 세월"로 대변되는 과거적 시간에 '실존의 절대적 근거'를 두고 있다. 살아 생전에 동고동락했던 어떤 "익숙한 얼굴"이 "석고상처럼 굳어져서" 죽음과 함께 멈춰버린 "세월"과 함께 그도 역시 정지된 시간 속을 살아가고 있다.

하지만 "영치해둔 세월"로 대변되는 슬프고 고통스런 추억이나 기억들이 아무래도 억울하고 부당한 것 같아 "너는 그 빈 세월을 기다려 줄 것인가"고 묻는다. 그의 내면을 끈질기게 물고 넘어지는 과거의 시간들이 현재 또는 미래의 시간 속에 있음직한 모든 즐거움 등속을 거세하고 있다는 깨달음이 점차 그의 마음 속에서 고개를 들었던 까닭이라고 할 수 있다. 반대로 "아니 나는 잊지 않고 그 세월을 인정할 것이냐"는 반문은, 어떤 식으로든 지나간 경험의 시간들이 그의 정체성(Identity)에 결정적인 영향을 지속적으로 미치고 있는 과거의 절대적 시간에 대한 일종의 투정 내지 반항의 성격이 강하다고 할 수 있는 것이다.

그런 만큼 그에게 현재는 "아버지가 없는" "불안"(「낡은 자전거」)의 시간이자 "쇼핑백에 포장"된 채 "발효되지 못"하는 "슬픔"(「오동꽃」)의 시간이다. 혹은

"살기 위해" "이력서를 쓰"(「이력서를 쓰는 대낮」)는 실업의 시간이거나 "기다려 줄 이도 없는/ 낯선 땅"(「황룡강」)을 헤매야 하는 이주의 시간일 뿐이다. 무엇보다도 "변하지 않으리라 믿어왔던 것들이 함부로 망가져 가는 것 같아 애써 고개를 흔들며 손을 들어 허공을 잡쥐"(「철쭉꽃」)어 보는 허무와 체념의 시간이기도 하다.

그렇다고 그의 시들이 회고적이거나 과거 지향적이라는 것은 아니다. 오히려 대체로 80년대 광주를 중심축으로 하는 그의 시들은 자신 앞에 허용된 그러한 시공간이 주는 압박감이나 구속을 적극적으로 수용하거나 책임지려는 태도에서 나왔다고 할 수 있다. 이러한 역사적이고 인간적인 시간의 굴레를 아예 벗어나거나 무화, 또는 성급히 청산시키고자했던 일단의 시인들과는 달리, 그의 젊은 날들을 회색으로 물들였던 광주항쟁의 사건을 자신의 주체성을 확보하는 주요한 시적 자양으로 삼고 있다.

어젯밤에도 나는 은행나무
너에게 눈길을 주고 갔다
자라지 않은 꿈으로 불안한 내일이

발길에 채이는 밤길에
밤도시의 외로운 비명들이 부딪쳐 오는데
너희들은 도열한 이정표들
한시도 지치지 않았던 굳센 손짓들이었지
우리가 저 곧은 길의 끝까지 줄달음칠 때도
그리고 자주 물기에 번진 마음으로
그대에게 기댄 채 발끝을 내려다보던 때도
묵묵히 두꺼운 손을 내밀곤 했지
세상이 네 금빛 이파리로 덮여져도
끝내 보도블럭 한 조각에 형형하게 살아나는
한 사람의 눈빛을 받아들이면서
너희들은 중절모를 쓴 젊은 아버지가 되어
이 길을 지키고 있구나

— 「금남로 은행나무」, 전문.

　시 제목 그대로 "금남로 은행나무"는 단순한 시적
대상이 아니다. "나"와 "나"로 대변되는 세대의 의인화
다. 곧 그것은 "나"이자 "너"이며 "우리"다. 그리고 그
"금남로 은행나무"는 그 시공간을 중심으로 이뤄졌던
"저 곧은 길의 끝"으로 대변되는 '죽음'과 "한시도 지
치지 않았던 굳센 손짓들"로 대변되는 '투쟁'을 기억

하는 '나무'이자, "자주 물기에 번진 마음으로" 연대와 결속을 다지던 "두꺼운 손"들을 기억하는 "나"이고 "너"이다. 80년 5월의 기억에 멈춰 있기에 "자라나지 않는 꿈으로 불안한 내일"에도, "끝내 보도블럭 한 조각에 형형하게 살아나는" 기억의 나무이다. 한 죽은 "사람의 눈빛을 받아들이면서" 어느새 "중절모를 쓴 젊은 아버지" 형국을 하고 있는 그 나무는 다름 아닌 바로 우리들 자신의 재현인 것이다.

이처럼 그의 시적 시공간은 대체로 "그대"로 상징되는 80년 5월 광주의 "주위"(「길떠나는 꽃」)를 떠나지 않고 있으며, 무엇보다도 그의 나이를 "영원히 스물"(「광주」)에 머물게 한다. 그리고 그것은 어쩔 수 없이 그의 시들을 '죽음' 또는 '아픔'의 정서와 연결되게 한다. 하지만 아이러니칼하게도 그 절망과 슬픔의 정서야말로 그의 시적 자산과 더불어 삶의 출발점이 된다. 그의 내면 속에 완고하게 뿌리박고 있는 시공간의 '죽음'이나 슬픔이 무의미하다면, "어떻게든 살아가야 할 막막한"(「전야(前夜)」) 그의 현재의 삶 전부가 무의미해진다고 할 수 있는 것이다.

물살은 모서리를 돌면서 더 힘을 내더군. 왕시루봉에서 가장 아름답게 보인다는 기대를 거절하듯이, 무거운 구름장 사이로 모습을 드러낸 섬진강은 파죽지세의 반란군처럼이나 기세 좋게 흐르고 있더군. 모든 것을 내던지며, 내 덮고 누웠던 이불도 걷어차며, 숙명이었던 죽음까지도 내던지며, 쏜살같이 내닫더군. 허상을 향해서만 엎디어졌던 나의 꽃들을 뒷전에 둔 채 이미 바다가 되어 있더군.

— 「강물은 하동포구를 빠져나간다」, 1연.

　그는 어느 순간 자신이 "허상"이라고 할 수 있는, 무수한 "죽음"을 "향하여" "엎디어" 있음을 느낀다. 하지만 동시에 그는 그 "허상"의 "죽음"들은 역설적으로 『아라비안 나이트 Arabian Nights』에 나오는 아리따운 이야기꾼 샤흐라지드처럼, 오직 끊임없이 이야기함으로써만이 물리칠 수 있고 연기될 수 있음을 무의식적으로 자각한다. 그 이야기들이 계속되는 한, 즉 그 '죽음'들을 기억하는 자들이 있는 한 죽음은 결코 죽음이 아니다. "무거운 구름장 사이로" 흐르는 "섬진강"의 "물살"은 자연스런 순행을 방해하는, 곧 죽음의 "모서리를 돌면서 더 힘"차게, "가장 아름답게" 빛나는 비약을 일으킨다. 마치 "숙명"처럼 느껴지던 "죽음까지도 내던지며" 새로운 삶 또는 살아있음을 일깨워 준

다. 죽음의 시공간에 대한 회피나 거부가 아니라, 더욱 적극적으로 죽음의 의미, 더 나아가 자신의 존재의 의미를 끊임없이 되묻고 이야기하려는 데서 "강물"은 "바다"가 된다. 삶과 죽음이 서로 배척하거나 다른 것이 아닌, 그 둘간의 동거 내지 동일화가 기적처럼 이루어진다.

그러기에 그의 연극반 선배이자 5월항쟁 참여자로서 근년에 유명을 달리한 '박효선'은 결코 죽은 것이 아니라 단지 "분장 시간이" 단지 "길어지"(「박효선」)고 있을 뿐이다. 어쩔 수 없는 시간의 부식에 의해 "나로부터 더욱 낯설어진 내가/ 뼈만 남은 외로움을 파먹고 있"(「동대구역」)음에도 불구하고, "모든 진실은 사라져 가는 것들 속에 숨어 있을지도 모른다"(「철쭉꽃」)고 생각하게 만든다. 그동안 "적어도 일만 개" 정도의 "침"을 꽂아야 나을 수 있을 "통점"으로 이루어졌다고 믿는 자신의 "불편한 생"을 "다시 일"(「동행」)으킬 수 있는 힘을 얻는다. 그의 시는 "아파하는 것마저" "사치스럽게 되"(「불귀(不歸)」)고 말았던 그 죽음의 시공간을 그렇게 힘들고 어렵게 통과하려 했던 데에 가장 큰 의의가 있는 것이다.

죽음과 침묵은 한 몸이다. 반면에 살아있음은 말하기를 뜻한다. 송태웅은 이제 후자의 고통스런 말하기(글쓰기)를 자임하고 나선 셈이다. 하지만, 솔직히 나와는 소속 써클이 달랐던 관계로 송태웅과 문학적 인연이 그리 깊지 못하다. 줄곧 그가 시를 써왔다는 자체가 의외였을 정도로, 그에 대한 인상은 전남대 연극반에 열심히 참여한 후배로 각인되어 있다. 다만 그가 국문과와 나의 용봉문학회 후배인 80학번 정양주 시인 등과 막역하게 지내 가끔씩 어울리는 사이여서, 오랫동안 허물없이 지내왔던 게 사실이다.

본의 아니게 '발문'이 아니라 '해설'의 형식이 되고만 사정에는 이러한 저간의 사정이 개입되어 있다. 하지만 그보다 더 깊은 이유 중의 하나는, 늦깎이로 출발한 후배 시인의 시 세계를 제대로 소개하고 싶다는 욕망이 크게 작용했다고 할 수 있다. 무엇보다도, 이미 등단했거나 등단하지 않았지만 어디선가 시를 쓰고 있을 수많은 나의 선후배나 동료들이 그의 시집 발간을 계기로 그 깊은 침묵을 깨는 계기로 작용했으면 하는 개인적 염원 때문이었다고 할 수 있다.

그와 내가 살았던 시공간은 단연 리얼리즘을 요구하는 시대였다. 하지만 그 시대에 쓰여진 시들은 웬일인지 리얼리즘보다는 그 이름 하에 '낭만주의'나 '온정주의'에 가까운 것들이었다. 우선 나는 그런 것을 송태웅 후배 시인이 가장 우선적으로 슬기롭게 극복하라고 권하고 싶다. 특히 그 속에 들어 있는 가성적이고 타성적인 시 쓰기에서 벗어나지 못하는 한, 고만고만한 시인으로 주저앉을 수 있음을 말해주고 싶다. 무엇보다도, 한 시인의 생명은 당대의 담론을 추수하는 것이 아니라 그것들과 필사적으로 싸워 저만의 담론을 세워 가는 데 있음을 강조해 두고 싶다. 그게 온전히 떠나지도, 머물지도 못하는 지점을 시적 사유의 출발점이자 귀착점으로 삼고 있는 우리들의 공통된 운명일 테니까.

후기

시에 대한 생각을 가진 지 아주 오랜 시간이 지났다.

나는 되도록이면 시를 멀리서 바라보면서 시를 생각하려고만 했다.

국문과라는 데에 들어가서도 시는 쓰지 않고 연극에 빠져들었다.

교사가 되어서는 데모하는데 더 신경을 쓰는 문제교사가 되었고 지금은 이도 저도 아닌, 아주 정체불명의 인간이 되어 버렸다.

그 정체불명성이 나로 하여금 시로 '끌고' 갔다.

아주 간혹 나는 자다 일어나서 시를 썼고 꿈속에서 쓰다 만 시를 이어 나갔다.

나는 꿈속에서 바위와 나무와 꽃과 돌아가신 아버지와 서울에 계신 어머니와 대화를 나누었다.

그리고 그냥 흘려보내버린 나의 청춘도 시로 되돌아올 수 있었다.

아주 오랜 시간이 지난 후에도

머리맡에 공책을 펼쳐두고 잠을 청하는 시인이 되고 싶다.

2002년 11월

송태웅

삶의 시선 009

바람이 그린 벽화

초판인쇄 | 2002년 12월 28일
초판발행 | 2002년 12월 28일

지은이 | 송태웅
펴낸이 | 이인휘
펴낸곳 | 도서출판 삶이 보이는 창
등록번호 | 제18-48호
등록일자 | 1997년 12월 26일
배본 | 한국출판협동조합 02)716-5619

(152-850) 서울 구로구 구로6동 314-1 극동상가 412호
전화 | 02)868-3097   팩스 | 02)868-4578
홈페이지 | www.samchang.or.kr
E-mail | samchang@samchang.or.kr

값 5,000원

ISBN 89-90492-01-7

182

태평서적센타

중구 태평로2가 58-2
Tel. 777-7551~3
       755-8909~10
특판부 755-8910
FAX. 774-3630

477-136350-0003